Mit wärmsten Empfehlungen von der
"coolsten" Airline über den Atlantik

Einar Pall Tomasson
General Manager
Germany, The Netherlands & Central Europe

ICELANDAIR
WWW.ICELANDAIR.DE

Mit wärmsten Empfehlungen von der
"coolsten" Airline über den Atlantik

Einar Pall Tomasson
General Manager
Germany, The Netherlands & Central Europe

ICELAND ORIGINAL

Emil Þór

Emil Þór Sigurðsson · Arthúr Björgvin Bollason

Inngangsorð

„Í grænan febrúarhimin / stara brostin augu vatnanna / frá kaldri ásjónu landsins“ yrkir skáldið Stefán Hörður í ljóði sínu Vetrardagur. Á sama hátt og Finnland er nefnt „þúsundvatnalandið“ mætti kalla Ísland „land hinna þúsund augna“. Hvert sem litið er blasa við augu í náttúrunni. Ekki bara brostin augu vatnanna á vetrarmorgni sem skáldið yrkir um í ljóðinu; önnur augu og heitari horfa við þeim sem gengur um hverasvæði á hálendinu í vetrarstillum. Það eru augu sem aldrei hvílast. Þrátt fyrir að nóttin slökkvi á ljósum dagsins og myrkrið sveipi náttúruna þagnarhjúpi halda óróleg hveraaugun vöku sinni í svartnættinu.

Það er fágæt lífsreynsla að ganga á milli kraumandi hveraaugna á stað eins og Hveravöllum á miðhálendi Íslands á vetrarnóttu: í fjarska varpar tunglið óræðum bjarma á hvelfingu jökulsins, á svörtum himni stíga marglit og flöktandi norðurljós sérstæðan og síbreytilegan dans. Á slíkum stundum er eins og náttúran öll sé orðin að risavöxnu auga: sjálfu auga guðs. Í þessu stórbrotna landslagi íslenskrar vetrarnætur á hálendinu er eins og múrinn sem alla jafna er reistur á milli manns og náttúru hrynji og manneskjan verði með dularfullum hætti eitt með náttúruöflunum. Það er líka sérstæð og grípandi tilfinning að standa á háum tindi og horfa í öll þau mörgu og stilltu augu hraunsins sem einu nafni eru kölluð Lakagígar. Þrátt fyrir alla þá öræfakyrrð sem nú hvílir yfir þessum grágrænu augum vekja þau óhug hjá hverjum þeim sem í þau horfir. Það er ekki hægt að leiða þá hugsun hjá sér að fyrir rúmum tvöhundruð árum opnuðust þessi augu í fyrsta sinn með þvílíkum edglæringum og gneistaflugi að drjúgur hluti landsins ýmis huldist ösku eða brann. Hrauntaumarnir sem streymdu úr þessum eitruðu augum á hálendinu eirðu engu sem fyrir var. Þeir flæddu yfir tún og engi, brenndu bæði hús og bæi og enduðu með því að steypa sér logandi í hafið, svo að brimið við ströndina breyttist í kraumandi suðupott. En nú eru þessi sömu augu hraunsins sem forðum tortímdu grónum völlum, fólki og fé, löngu orðin þögul og stillt; það er jafnvel ekki laust við að þau séu ofurlítið sakleysisleg í aðra röndina. Þannig minna augu hraunsins í náttúru Íslands á mannfólkið sjálft: á stundum eru þau full af ólgandi ofsa og heift, en þegar bráir af þeim aftur verða þau lygn og sakleysisleg. Þetta á ekki aðeins við um Lakagíga, heldur líka þau fjölmörgu augu önnur sem eldgos úr djúpinu hafa skilið eftir í ásjónu landsins: gervigígarnir við Mývatn, Kerið í Grímsnesi, Ljótipollur við Landmannalaugar, Víti í Öskju. Öll þessi fjölmörgu augu stara á okkur úr landinu, ýmist grá eða græn, rauð eða blá, þurr eða vot, með angurværum svip, líkt og þau hafi verið þarna stillt og hljóð frá upphafi vega. Við þekkjum hins vegar hið tvíræða eðli þeirra og vitum að því fer víðs fjarri að þau hafi alltaf verið svona meinleysisleg...

Og enn er náttúra Íslands að opna augu sín óvænt með eldglæringum og gneistaflugi hér og þar, jafnvel úti í miðju hafi: 1963 byrjaði sjórinn úti fyrir suðurströnd landsins að krauma með þeim afleiðingum að þrjár eyjar risu úr djúpinu. Ein þeirra, kennd við eldguðinn Surt, stendur meira að segja enn og gegnir hlutverki tilraunastofu fyrir þá sem vilja rannsaka uppruna lífs á jörðu. Og nokkrum árum seinna, 1973, glennti þessi sama eldfima náttúra upp skjáinn öllum að óvörum á nýjan leik um vetrarnótt á Heimaey, þar sem þúsundir íbúa áttu fótum fjör að launa þegar logandi hrauntaumarnir flæddu yfir bæinn þeirra. Og ekki má gleyma því heita auga sem erlendir sjómenn við Íslandsstrendur héldu forðum að væri sjálft vítisopið, drottningarauga fjallsins Heklu sem sú gamla hefur deplað æði oft á síðustu árum.

Þannig eru bæði hin huldu og sýnilegu augu Íslands: hljóðlát, en viðsjárverð og ógnvekjandi í senn. Og sama gildir um veðurfarið sem ríkir á ásjónu landsins. Þar er sjaldan á vísan að róa. Hrífandi stilla með fuglasöng í kyrrlátum dal á sumardegi umbreytist eins og hendi sé veifað í öskrandi storm sem sendir háværar vindhviður eins og skriðdrekasveit niður brattar hlíðar fjalla. Og alveg jafn skyndilega og darraðardansinn hófst breytist þessi orustuvöllur vindanna aftur í heimkynni lognsins, þar sem lækur hjalar við stein, fugl syngur ljóð sín á grein og frá augum landsins stafar aftur kyrrð og ró...

Arthúr Björgvin Bollason

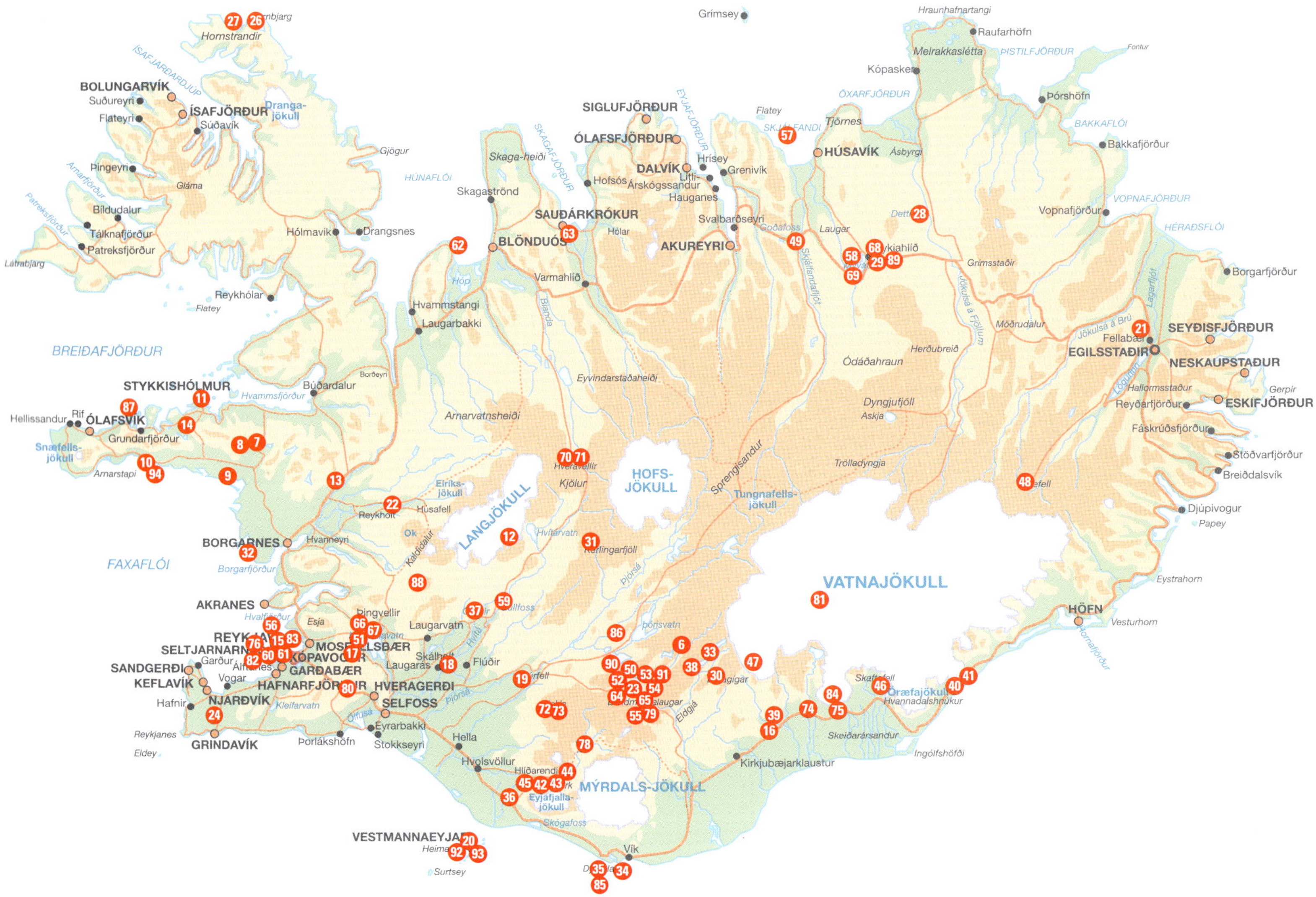

Hornstrandir
BOLUNGARVÍK
Suðureyri
Flateyri
ÍSAFJÖRÐUR
Súðavík
Dranga-jökull
ÍSAFJARÐARDJÚP
Gjögur
Þingeyri
Gláma
Bíldudalur
Tálknafjörður
Patreksfjörður
Látrabjarg
Hólmavík
Drangsnes
HÚNAFLÓI
Reykhólar
Flatey
BREIÐAFJÖRÐUR
STYKKISHÓLMUR
Hvammsfjörður
Búðardalur
Borðeyri
Hellissandur
Rif
ÓLAFSVÍK
Grundarfjörður
Snæfells-jökull
Arnarstapi
BORGARNES
Hvanneyri
Reykholt
Húsafell
FAXAFLÓI
Borgarfjörður
AKRANES
Esja
Þingvellir
Laugarvatn
SELTJARNARN
MOSFELLSBÆR
KÓPAVOGUR
GARÐABÆR
HAFNARFJÖRÐUR
SANDGERÐI
Garður
Álftanes
KEFLAVÍK
Vogar
NJARÐVÍK
Hafnir
Kleifarvatn
Reykjanes
Eldey
GRINDAVÍK
Þorlákshöfn
Stokkseyri
Eyrarbakki
HVERAGERÐI
SELFOSS
Laugarás
Skálholt
Flúðir
Hella
Hvolsvöllur
Hlíðarendi
Eyjafjalla-jökull
Skógafoss
VESTMANNAEYJAR
Heimaey
Surtsey
Vík
MÝRDALS-JÖKULL
Kirkjubæjarklaustur
Skeiðarársandur
Ingólfshöfði
Hvannadalshnúkur
Öræfajökull
VATNAJÖKULL
HÖFN
Vesturhorn
Eystrahorn
Papey
Djúpivogur
Breiðdalsvík
Stöðvarfjörður
Fáskrúðsfjörður
Reyðarfjörður
ESKIFJÖRÐUR
Gerpir
NESKAUPSTAÐUR
Hallormsstaður
EGILSSTAÐIR
Fellabær
SEYÐISFJÖRÐUR
Borgarfjörður
HÉRAÐSFLÓI
VOPNAFJÖRÐUR
Vopnafjörður
Bakkafjörður
BAKKAFLÓI
Þórshöfn
Fontur
ÞISTILFJÖRÐUR
Melrakkaslétta
Raufarhöfn
Hraunhafnartangi
Kópasker
ÖXARFJÖRÐUR
Grímsey
Ásbyrgi
Tjörnes
HÚSAVÍK
SKJÁLFANDI
Flatey
Dettifoss
Reykjahlíð
Laugar
Grímsstaðir
Möðrudalur
Herðubreið
Ódáðahraun
Dyngjufjöll
Askja
Trölladyngja
Sprengisandur
Tungnafellsjökull
HOFS-JÖKULL
Kjölur
Hveravellir
Kerlingarfjöll
Hvítárvatn
LANGJÖKULL
Eiríksjökull
Ok
Kaldidalur
Arnarvatnsheiði
Eyvindarstaðaheiði
SIGLUFJÖRÐUR
ÓLAFSFJÖRÐUR
DALVÍK
Hrísey
Grenivík
Árskógssandur
Hauganes
Hofsós
Hólar
Svalbarðseyri
Goðafoss
AKUREYRI
EYJAFJÖRÐUR
SKAGAFJÖRÐUR
SAUÐÁRKRÓKUR
Skaga-heiði
Skagaströnd
BLÖNDUÓS
Varmahlíð
Hvammstangi
Laugarbakki
Hóp
Blanda
Þjórsá
Hvítá
Ölfusá
Þórisvatn
Eldgjá
Lakagígar
Skaftafell
Lagarfljót
Jökulsá á Brú
Jökulsá á Fjöllum
Skjálfandafljót

Emil Þór Sigurðsson
Photographer

Arthúr Björgvin Bollason
Author

HASSELBLAD

Bls.: 7, 9, 11, 14, 26, 27, 34, 35, 36, 38, 39, 43, 44, 45, 46, 47, 48, 49, 58, 59, 61, 62, 64, 67, 68, 69, 73, 76, 79, 80, 82, 86, 87, 91, 93.

Nikon

Bls.: 6, 10, 12, 15, 16, 17, 18, 19, 20, 21, 22, 28, 29, 30, 31, 32, 37, 40, 41, 42, 50, 51, 56, 57, 60, 63, 70, 71, 75, 83, 84, 85, 88, 89, 91, 92, 94.

PENTAX

Bls.: 8, 13, 23, 33, 52, 53, 54, 55, 65, 72, 74, 78, 81.

CAMBO

Bls.: 24, 66.

Sérstakar þakkir fá: AGFA- Heimsmyndir (Pétur Johnson) , Timbur og Stál , Kristín Bogadóttir, Ágúst Þorgeirsson, Finnur P. Fróðason og Katrín Gísladóttir

HEIMSMYNDIR AGFA

Flugmenn: Baldur Hauksson, Björn Ásbjörnsson, Snorri Leifsson
Þýðendur: Enska: Dagmar Koeppen BA, franska: Eyjólfur Már Sigurðsson,
þýska: Coletta Büerling dr.phil.
Filmur: AGFA - Fuji- Kodak.
Umbrot: Hlynur Ólafsson FÍT
Íslandskort: Landmælingar Íslands
Útgefandi: Ljósmyndastofa Reykjavíkur, Box 5263, 125 Reykjavík
bok@heimsmyndir.is
ISBN 9979-9614-1-4 (harðspjald)
ISBN 9979-9614-0-6 (kilja)
www.iceland-original.com

Steinbítar

Vestmannaeyjar

Stóra - Brandsgil

Grænagil

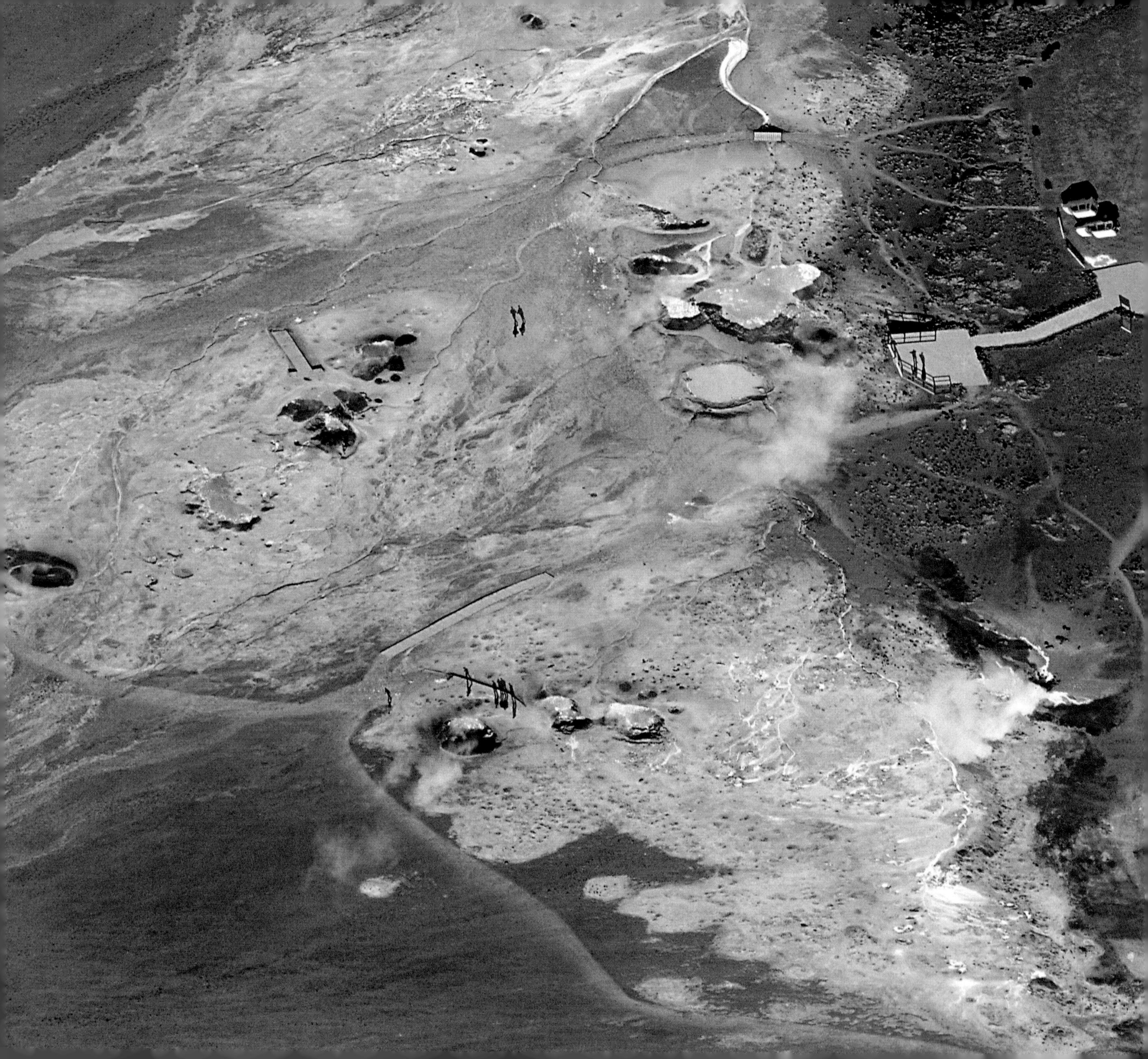

Hattafell · Tindfjallajökull

Hattver · Jökulgil

Grímsvötn 1998

Perlan

Dyrhólaey

Sólarlag

Kirkjufell

Skjaldbreiður

Námaskarð

Prologue

"Up to a green February sky / stare the broken eyes of the lakes / from the cold face of the land" the poet Stefán Hörður wites in his poem Winter day. In the same way that Finland is called "the country of thousand lakes" Iceland could be called "the country of thousand eyes". Wherever we look we can see eyes in the nature. Not only the broken eyes of the lake on a winter morning the poet writes about in his poem but also different and warmer eyes are to be seen by those who wander about geothermal areas in the highlands on a calm winter day. Those eyes never rest. Even when the night switches off the lights of the day and darkness enfolds nature with a wrap of silence, the restless eyes of the hot springs stay awake through the obscure night.

It is a rare experience to walk among bubbling hot springs eyes in a place like Hveravellir in the Icelandic middle highlands on a winter night. In the distance the moon casts its mystic shine on the rounded top of the glacier, in the dark sky colourful flickering Northern lights perform their unique and constantly changing dance. At such moments nature seems to have become all one gigantic eye : the eye of God himself. In this splendid landscape on an Icelandic winter night in the highlands it seems like the wall that so often is built between man and nature crumbles down, uniting those two in a mystic way.

It is also an outstanding experience to stand on a high mountain top and look into the many calm eyes of the lava field called Lakagígar. In spite of all the desert silence that surrounds those grey-green eyes they create fear among those who look into them. It is impossible to ignore the thought that two hundred years ago those eyes opened up with such fire and sparks that a huge part of the country was either burned or covered by ash. The lava rivers streaming out of these poisoned eyes in the highlands did not spare anything. They flooded over fields and meadows, burning houses and farms and finally ended up in a burning rush into the sea changing the breakers at the shore into a boiling pot.

But now these very same eyes of the lavafield which in former times destroyed meadows, people and animals, have become quiet and calm since long ago. They even look sort of innocent in a way. Thus the eyes of the lavafields in Icelandic nature remind of people themselves. Sometimes they are full of rage and wrath but when they calm down again they become quiet and innocent. This refers not only to Lakagígar but also to the many other eyes which volcanic eruptions from deep down have left in the face of the country: the pseudocraters at Lake Mývatn, Kerið at Grímsnes, Ljótipollur at Landmannalaugar, Víti at Askja. All these many eyes stare at us from the land, either grey or green, red or blue, dry or wet, with a melancholic expression like they had been there still and quiet from the beginning. On the other hand we are aware of their equivocal nature and we know they are far from always being so innocent...

Still the nature of Iceland opens its eyes unexpected with fire and sparks here and there, even out in the open ocean. In 1963 the sea off the south coast of the country began to boil with the result that three islands rose from the deep. One of them, named after Surtur the god of fire, still exists and serves as a kind of laboratory for those who like to examine the beginning of life on this planet. A few years later, in 1973, this same fiery nature suddenly opened up again one winter night on Heimaey, where thousands of inhabitants had to be evacuated when the glowing lava stream flooded over their town. Not to forget the hot eye of which foreign sailors approaching the Icelandic coastline in former days thought was the gate to hell itself, the queen's eye of Mount Hekla, which this old lady has frequently blinked during the past few years. Thus both the hidden eyes of Iceland as well as the visible ones are quiet but dangerous and scary at the same time. The same can be said about the climate that rules the face of the country, - rarely being predictable. A wonderful calm day in a quiet valley with birds´ song on a summer day can change all of a sudden into a roaring storm sending noisy windgusts like tank squadrons down steep mountain slopes. But as suddenly as this infernal dance started the battlefield of the winds changes again into a quiet world where a creek caresses stones, a bird sings its poems on a branch and the eyes of the land are all calm and tranquility...

Arthúr Björgvin Bollason

Prolog

"In den grünen Februarhimmel / starren die gebrochenen Augen der Seen / aus dem kalten Antlitz des Landes", heißt es in dem Gedicht >Wintertag< von Stefán Hörður Grímsson. Ähnlich wie Finnland das "Land der tausend Seen" genannt wird, könnte Island das "Land der tausend Augen" heißen. Nicht nur im Hinblick auf die gebrochenen Augen der Seen an einem Wintermorgen, die der Dichter anspricht; andere Augen und heißere blicken demjenigen entgegen, der sich in einer klaren, stillen Winternacht in einem Gebiet mit heißen Quellen in der Einsamkeit des isländischen Hochlands befindet.Solche Augen kommen nie zur Ruhe, auch wenn die Nacht die Lichter des Tages ausgelöscht hat und Dunkelheit die Natur in Schweigen hüllt, halten die unruhigen Augen in der winterlichen Finsternis Wache. Es ist nur wenigen vergönnt, in einer solchen Winternacht in der tiefen Einsamkeit des Hochlands zwischen den brodelnden Augen der Quellen einherzugehen: in der Ferne wirft der Mond ein rätselhaftes Licht auf den erhabene Wölbung des Gletschers und über den schwarzen Himmel geistern Nordlichter in ihrem eigenartig fluktuierenden Tanz. In solchen Augenblicken hat es den Anschein, als sei die gesamte Natur zu einem einzigen riesigen Auge geworden: nichts weniger als dem Auge Gottes. In dieser gewaltigen Landschaft einer isländischen Winternacht mitten im Hochland scheint die Mauer zu fallen, die sonst zwischen Mensch und Natur errichtet ist, und der Mensch wird auf geheimnisvolle Weise eins mit den Kräften der Natur. Ebenso eigenartig und faszinierend ist das Gefühl, auf dem Gipfel eines hohen Berges zu stehen und all den vielen stillen Augen der Lava ins Auge zu blicken, die als Laki-Krater bezeichnet werden. Trotz der Stille der einsamen Bergwelt, die jetzt über diesen graugrünen Augen ruht, rufen sie Beklommenheit bei jedem hervor, der ihrem Blick begegnet. Unweigerlich wird man sich vorzustellen versuchen, wie sich vor rund zweihundert Jahren diese Augen zum ersten Mal mit derartigen Feuerstürmen und Glutfontänen öffneten, dass ein großer Teil des Landes unter Asche versank oder in Flammen aufging. Die Lavamassen, die aus diesen vergifteten Augen im Hochland Richtung Meer strömten, verschonten nichts, was ihnen ihm Wege war. Sie flossen über Wiesen und Äcker, brannten menschliche Siedlungen und Anwesen nieder und endeten schließlich auflodernd im Meer, das bei diesem Aufeinandertreffen auf den Siedepunkt gelangte. Jetzt aber sind diese selben Augen der Lava, die einst bewachsenes Land, Menschen und Vieh vernichteten, schon seit langem friedlich und still; es mag einem sogar so vorkommen, als blickten sie sogar ein wenig unschuldig drein. In diesem Sinne erinnern die Augen der Lava in Islands Natur an den Menschen selbst: manchmal kochend vor Wut und wildem Hass, aber wenn der Zorn verraucht ist, sind sie wieder klar und unschuldig. Solches gilt aber nicht nur für die Laki-Krater, sondern genau so gut auch auf die unzähligen anderen Augen, die von Eruptionen aus den Tiefen der Erde auf dem Antlitz des Landes hinterlassen wurden: die Pseudokrater am Mývatn, der Krater Kerið in Südisland, Ljótipollur bei Landmannalaugar, der Krater Víti in der Askja. All diese Augen der Landschaft starren uns an, manchmal grau, manchmal grün, rot oder blau, trocken oder feucht, mit wehmütigem Blick, so als hätte sie von Anbeginn der Zeiten kein Wässerlein trüben können. Wir kennen jedoch ihr zwielichtiges Wesen und sind uns klar darüber, dass sie ursprünglich alles andere als harmlos gewesen sind. Und immer noch öffnet Islands Natur hie und da urplötzlich die Augen mit flammender Glut, sogar mitten im Meer: 1963 begann das Meer vor der Südküste des Landes zu schäumen und zu brodeln, und drei Inseln entstiegen den Tiefen des Ozeans. Eine von ihnen wurde nach Surtur, dem Gott des Feuers, benannt. Sie existiert immer noch und ist heute Versuchslabor für diejenigen, die den Ursprüngen des Lebens auf der Erde auf die Spur kommen wollen. Wenige Jahre später öffnete 1973 das feurige Innere wieder seinen Schlund. Auf der Insel Heimaey rannten in einer Januarnacht Tausende um ihr Leben, als brennende Lavaströme sich anschickten, den Ort unter sich zu begraben. Nicht zu vergessen das heiße Auge von Hekla, Islands feuerspeiender Königin, das ausländische Seeleute einst für das Tor zur Hölle hielten, mit dem die alte Dame in den letzten Jahren recht häufig geblinzelt hat.

So also sind die verborgenen und sichtbaren Augen Islands: still, aber gefährlich und bedrohlich zugleich. Ein Gleiches gilt für das Wetter, das über diesem Antlitz herrscht. Man kann sich nur selten auf den äußeren Anschein verlassen. Faszinierende Stille mit Vogelgesang in einem einsamen Tal kann sich auch an einem Sommertag im Handumdrehn in einen tobenden Sturm verwandeln, der seine brüllenden Böen wie Panzerdivisionen steile Berghänge hinabjagt. Und so schnell, wie das Kampfgetümmel begann, genau so rasch wird das Schlachtfeld der Winde wieder zur windstillen Oase, wo ein Bächlein über Steine plätschert, ein Vogel auf dem Ast seine Lieder zwitschert und von den Augen des Landes wieder Ruhe und Frieden ausgeht ...

Arthúr Björgvin Bollason

Prologue

« Sous un ciel vert de février / les yeux éteints des lacs regardent / de la face glacée de la terre » écrit le poète Stefan Hordur Grimsson dans son poème « Jour d'hiver ». De la même manière que l'on appelle la Finlande « le pays des mille lacs » on pourrait appeler l'Islande « le pays des milliers yeux ». En tous lieux on voit des yeux dans la nature. Non seulement les yeux vides des lacs du matin d'hiver dont parle le poète, d'autres yeux et plus ardents regardent celui qui se promène entre les fumerolles sur la montagne dans le calme hivernal. Ce sont des yeux qui ne se reposent jamais. Malgré la nuit qui éteint la lumière du jour et l'obscurité qui ensevelit la nature silencieuse, les yeux inquiets des fumerolles veillent dans les ténèbres. C'est une expérience unique de se promener une nuit d'hiver entre les yeux bouillonnants des fumerolles sur la montagne islandaise dans un lieu comme Hveravellir: au lointain la lune éclaire la calotte glaciaire, les aurores boréales multicolores et changeantes dansent dans le ciel noir. Dans un moment pareil c'est comme si la nature entière devenait un œil géant; l'œil de Dieu lui-même. Dans ce paysage grandiose de la nuit d'hiver islandaise en montagne c'est comme si le mur qui normalement est érigé entre la nature et les hommes s'effondrait et d'une façon étrange l'être humain se fond avec les forces telluriques. C'est également un sentiment étrange et envoûtant de se trouver au sommet d'une montagne élevée et de regarder les yeux de la lave, nombreux et paisibles, et que l'on appelle Lakagigar. Malgré la tranquillité qui règne aujourd'hui dans ces yeux vert-gris, ils provoquent un sentiment d'angoisse chez celui qui les regarde. On ne peut pas s'empêcher de penser qu'il y a plus de deux cents ans ces yeux se sont ouverts pour la première fois avec un tel embrasement qu'une grande partie du pays a été brûlée ou couverte de cendres. Les rivières de lave qui ont coulé de ces yeux venimeux n'ont rien épargné sur leur chemin. Elles se sont répandues sur les prairies et les champs, elles ont brûlé les maisons et les fermes et ont fini par se jeter à la mer où la surface des eaux s'est transformée en une bouilloire fumante. Aujourd'hui ces mêmes yeux de la lave qui autrefois ont détruit champs cultivés, hommes et animaux, sont depuis longtemps silencieux et calmes, ils ont même quelque part un air innocent. Les yeux de la lave font ainsi penser aux hommes: parfois ivres de rage et de haine mais une fois apaisés, ils redeviennent paisibles et innocents. Ceci est vrai, non seulement pour Lakagígar mais aussi pour tous les autres yeux que les éruptions volcaniques ont laissés sur la face de la terre islandaise: les pseudo cratères de Myvatn, Kerid à Grimsnes, Ljotipollur à Landmannalaugar et Viti à Askja. Tous ces yeux si nombreux nous regardent de la terre, gris ou verts, rouges ou bleus, secs ou humides, avec une expression mélancolique, comme s'ils étaient là depuis la nuit des temps silencieux et calmes. Mais nous connaissons leur nature double et nous savons qu'ils sont loin d'avoir été toujours aussi inoffensifs...

La nature islandaise ouvre encore ses yeux d'une façon inopinée en s'embrasant par-ci par-là, même au milieu de l'océan. En 1963 la mer au large de la côte sud du pays commence à bouillonner et par la suite trois îles s'élvent des profondeurs. Une d'elles, nommée après le dieu du feu Surtur, existe encore et elle est aujourd'hui un laboratoire pour ceux qui font des recherches sur l'origine de la vie sur la terre. Quelques années plus tard, une nuit d'hiver en 1973, cette même nature inflammable a encore ouvert un œil sur l'île d'Heymaey à la grande surprise de ses habitants qui ont dû fuir leur village disparaissant sous la coulée de lave incandescente. Sans oublier l'œil ardent que les pêcheurs étrangers, arrivés dans les eaux islandaises ont pris pour l'entrée des enfers, l'œil majestueux du volcan Hekla qu'il a cligné à maintes reprises ces dernières années.

Ainsi sont les yeux visibles ou imperceptibles de l'Islande: tranquilles, mais inquiétants et terrifiants en même temps. La même définition pourrait s'appliquer au climat islandais qui est toujours aussi imprévisible. Le beau temps d'un jour d'été ensoleillé, dans une vallée où l'on entend chanter les oiseaux, peut en un instant se transformer en tempête qui se déchaîne et qui envoie des rafales de vent comme des commandos de chars qui descendraient de la montagne. Mais aussi subitement que ce combat de bourrasques a commencé, le champ de bataille est retransformé en lieu paisible où le ruisseau murmure, l'oiseau chante ses poèmes sur une branche et les yeux du pays expriment de nouveau la paix et la sérénité...

Arthúr Björgvin Bollason

Tröllið - Tungnaá

Hnúkar - Gullborgarhrauni

Haffjarðará - Snæfellsnesi

Snæfellsjökull

Stykkishólmur

SH 440
6196

Jarlhettur

Heyvinna

Hjálp - Þjórsádal

Hraunfossar

Landmannalaugar

Bláa lónið

Hornvík

Hlöðuvík

Dettifoss

Námaskarð

Lakagígar

Kerlingafjöll

Reynisdrangar

Dyrhólaey

Strokkur

Langisjór

Lakagígar

Jökulsárlón

Básar - Þórsmörk

Rjúpnafell

Stakkholtsgjá

Snæfell

Goðafoss

Frostastaðavatn

Nesjavellir

Bláhnjúkur

Ljótipollur

Blautaver

Torfajökulssvæði

Selur

Hnúfubakur

Vindbelgur - Mývatn

Reykjavíkurtjörn

Reynisstaðarétt

Öxarárfoss

Sviðinsey - Mývatn

Hverevallir

Hveravellir

Heklugos 1991

Skeiðarársandur 1997

Áramót í Reykjavík